經典
少年遊

009

唐玄宗李隆基

盛唐轉衰的關鍵

Hsuan-tsung of T'ang
The Decline of the T'ang Dynasty

繪本

故事◎呂淑敏
繪圖◎游峻軒

你知道中國歷史上
有一位多才多藝的皇帝嗎？
他開疆拓土、安內攘外，
文治武功都一流，
可惜天下太平後，就不再管理政事，
整天作樂，讓大好局勢日漸衰頹。
他就是唐朝在位最久的皇帝——
唐玄宗李隆基。

3

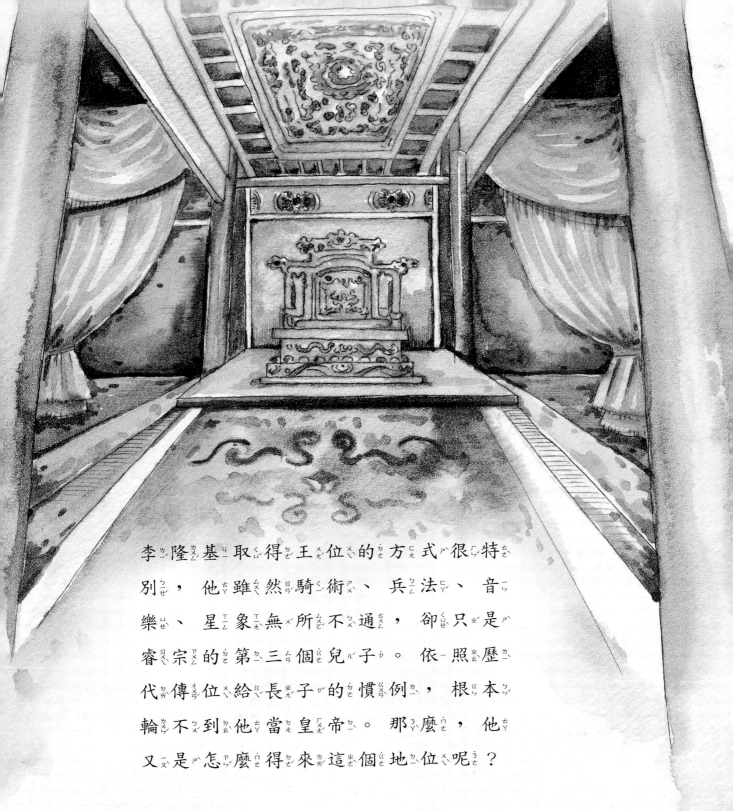

李隆基取得王位的方式很特別，他雖然騎術、兵法、音樂、星象無所不通，卻只是睿宗的第三個兒子。依照歷代傳位給長子的慣例，根本輪不到他當皇帝。那麼，他又是怎麼得來這個地位呢？

中宗李顯即位後，
恢復了唐的國號，
權柄卻落入韋后手中。
中宗去世，
韋后抵制李隆基的父親李旦，
立了個性軟弱的李重茂為少帝。
她希望自己能像武則天那樣掌握實權，
因此處處干政。

6

韋后的跋扈讓太平公主深感不安，
太平公主便邀李隆基聯手推翻韋后。
有人建議先向李旦報告政變的計畫，
李隆基說：
「這件事如果成功，國家有福，
如果失敗，我也算盡忠盡孝，
何必現在讓父親擔心呢？」

李隆基率領士兵直入玄武門。

韋后非常驚恐，

倉皇逃進騎兵隊裡，被騎兵斬首。

韋后的親信也在這次政變中全數被殲滅，

歷史上稱這件事為「唐隆之變」。

因此李旦才得以即位，是為睿宗。

睿宗優柔寡斷，不喜歡捲入政治紛爭，
有些決策會聽他妹妹太平公主的建議。
太平公主其實也非常想當女皇，
她發現李隆基的英勇後，
便把他視為絆腳石，開始嚴謹的防備他。

太平公主建議睿宗
要立長子李成器為太子，
李成器看多了宮廷鬥爭，
對帝位並不嚮往，
便明白的說：
「國家安定時確實要立嫡長子，
但是國家有危難時，
就要立對國家有功的人才行。」

既然長子願意讓位，
睿宗也就順水推舟的
立有功的李隆基為太子。
同年，有個天文學家觀測星相後，
推測帝位將產生變化。
睿宗便以傳位給賢德的人
可化解災禍為由，
將皇位讓給太子，自己退為太上皇。

李隆基正式登位，稱玄宗。他可不是好使喚的軟弱掌權者，第一要務當然是要屏除可能對他造成威脅的人。因此結合了高力士等心腹，先發制人的賜死太平公主，還殺盡她的餘黨。而後改年號為開元。

19

唐玄宗十分珍惜幾番周折才得來的王位，
即位後，勵精圖治，重用人才，
姚崇、宋璟為相時期，
稅賦服役都很寬平，天下富庶。
張嘉貞、張說、韓休及張九齡
也都是各有所長的好官員。

為﹝ㄨㄟˋ﹞了﹝ㄌㄜ﹞糾﹝ㄐㄧㄡ﹞正﹝ㄓㄥˋ﹞風﹝ㄈㄥ﹞氣﹝ㄑㄧˋ﹞，
玄﹝ㄒㄩㄢˊ﹞宗﹝ㄗㄨㄥ﹞嚴﹝ㄧㄢˊ﹞禁﹝ㄐㄧㄣˋ﹞民﹝ㄇㄧㄣˊ﹞間﹝ㄐㄧㄢ﹞鑄﹝ㄓㄨˋ﹞佛﹝ㄈㄛˊ﹞像﹝ㄒㄧㄤˋ﹞寫﹝ㄒㄧㄝˇ﹞經﹝ㄐㄧㄥ﹞，
下﹝ㄒㄧㄚˋ﹞令﹝ㄌㄧㄥˋ﹞在﹝ㄗㄞˋ﹞殿﹝ㄉㄧㄢˋ﹞前﹝ㄑㄧㄢˊ﹞焚﹝ㄈㄣˊ﹞燒﹝ㄕㄠ﹞珠﹝ㄓㄨ﹞玉﹝ㄩˋ﹞、錦﹝ㄐㄧㄣˇ﹞繡﹝ㄒㄧㄡˋ﹞，
並﹝ㄅㄧㄥˋ﹞規﹝ㄍㄨㄟ﹞定﹝ㄉㄧㄥˋ﹞后﹝ㄏㄡˋ﹞妃﹝ㄈㄟ﹞以﹝ㄧˇ﹞下﹝ㄒㄧㄚˋ﹞
不﹝ㄅㄨˋ﹞可﹝ㄎㄜˇ﹞穿﹝ㄔㄨㄢ﹞戴﹝ㄉㄞˋ﹞奢﹝ㄕㄜ﹞華﹝ㄏㄨㄚˊ﹞的﹝ㄉㄜ﹞服﹝ㄈㄨˊ﹞裝﹝ㄓㄨㄤ﹞及﹝ㄐㄧˊ﹞飾﹝ㄕˋ﹞品﹝ㄆㄧㄣˇ﹞，
也﹝ㄧㄝˇ﹞規﹝ㄍㄨㄟ﹞定﹝ㄉㄧㄥˋ﹞喪﹝ㄙㄤ﹞事﹝ㄕˋ﹞必﹝ㄅㄧˋ﹞須﹝ㄒㄩ﹞簡﹝ㄐㄧㄢˇ﹞約﹝ㄩㄝ﹞，
違﹝ㄨㄟˊ﹞背﹝ㄅㄟˋ﹞的﹝ㄉㄜ﹞人﹝ㄖㄣˊ﹞必﹝ㄅㄧˋ﹞定﹝ㄉㄧㄥˋ﹞遭﹝ㄗㄠ﹞到﹝ㄉㄠˋ﹞處﹝ㄔㄨˇ﹞罰﹝ㄈㄚˊ﹞。

開元年間對外很少有大規模的戰事。
不必抽調民力去邊疆作戰，
老百姓就可以安心的持理家園。
國家治理得好，百姓生活安定，
各行各業也就日漸興盛，
整個社會的經濟自然蒸蒸日上。

不幸的是，玄宗自認為天下太平後，
想法和做法便逐漸改變。
他覺得應該要開拓邊土，
來顯耀自己的強大。

因此他收復了北方的疆域，
也恢復絲綢之路。
邊疆的將領更不停的對外族開戰，
好跟玄宗邀功。

玄宗最寵愛的武惠妃去世後，
便整天惆惆悵悵，唉聲嘆氣，
覺得再也找不到一個
能與他相契合的人了。
聽說他第十八子壽王妃
楊玉環的姿色無人能比。
玄宗想親自看看，
沒想一見果然驚為天人。

29

唐玄宗讓楊玉環自己請求進宮，
並住進南宮，賜號太真。
太真懂音律，不僅聰明伶俐，
還擅長歌舞，很得玄宗歡心。
從此玄宗又恢復活力，
只是他的精力都花在後宮玩樂，
不再管理朝政了。

玄宗封太真為貴妃，對她恩寵備至，連帶也對她的親族特別照顧。張九齡、高力士等人都力勸玄宗要回頭當個好皇帝，李林甫卻用討好的方式，夥同邊將安祿山蒙蔽玄宗。志得意滿的玄宗當然選擇站在李林甫這邊。

玄宗越來越奢侈，
為了要表現國家太平的歡樂盛況，
他在五鳳樓舉行盛大的宴會，
讓三百里內的刺史縣令
都帶領當地的樂舞伶人來表演，
他不知道這些做法
無形中也影響了百姓的習氣。

玄宗認為政事交付楊貴妃的族兄楊國忠，邊事交付安祿山，就沒什麼好擔憂的。不過安祿山與楊國忠本就不相容，常常互相詆毀。安祿山擔心唐玄宗若只聽信楊國忠讒言，將對自己造成威脅，於是決定起兵造反。

中原地區長期以來受玄宗的影響，都處在安逸的生活型態裡。安祿山發動兵變，官兵一時不知如何應戰，幾乎立刻就瓦解，玄宗帶著楊貴妃跟嬪妃、太監和少數官員，倉皇逃出長安。這次的叛亂，史稱「安史之亂」。

到了馬嵬坡，玄宗的軍隊將戰爭歸咎於楊貴妃，認為是楊家人讓國家陷入險境，於是殺死楊國忠，並逼迫楊貴妃自縊。到了這個地步，不僅玄宗無法保護自己所愛的貴妃，興盛的大唐也自此一蹶不振。

唐玄宗李隆基

盛唐轉衰的關鍵

讀本

原典解說◎呂淑敏

浪漫又有膽識的唐玄宗，為什麼會荒廢國家大事，讓唐朝跌落谷底呢？

唐玄宗身邊最忠心、最有權力的宦官。詩人李白因為要高力士替他脫鞋，而丟掉了當官的機會，被請回老家。安祿山叛亂時，高力士說服唐玄宗犧牲最寵愛的楊貴妃，保住了唐朝。玄宗去世後，高力士絕食而死，陪葬在皇帝的墓旁。

高力士

唐玄宗（685～762年）是唐朝的第六位皇帝。他少年時很有膽識，成為皇帝後，迅速的消滅了太平公主的勢力，把權力重新集中在自己身上。可是生活穩定後，他只顧享受，忽略了國事，只聽奸臣的話，把國家弄得一塌糊塗，從此唐朝一路走下坡，再也見不到過去繁榮的景象。

唐玄宗

相關的人物

楊貴妃以豐滿的身材聞名，是中國古代的四大美人之一，也是唐玄宗一輩子深愛的女人。他們年齡相差將近四十歲，唐玄宗對楊貴妃非常疼愛、信任，也大力提拔她的家族，只可惜他們不是管理國家的人才，製造許多問題，拖垮了唐朝。宋末元初畫家錢選曾畫過一幅〈楊貴妃上馬圖〉（下圖），是描寫楊貴妃身段很重要的畫作。

TOP PHOTO

楊貴妃

李白

李白曾經被召見到宮裡，寫了三首〈清平調〉，描寫皇帝和貴妃在宮中遊玩的美景。玄宗原本很喜歡這三首詩，可是高力士說李白用漢朝慘死的趙飛燕來比喻楊貴妃，讓楊貴妃很介意，而向玄宗抱怨。結果李白被冷落，再也沒有受到重用。清朝蘇六朋繪有〈清平調圖〉（右圖），描繪唐玄宗召見李白進宮作詩的情景。

TOP PHOTO

安祿山

安祿山有突厥血統，能夠講九種語言，從小就常和不同族群的人來往。長大後他靠著人際和外交能力，成為穩定邊境治安的重要人物，受到唐玄宗重用，軍隊和國家都掌握在他手上。最後安祿山想自己當皇帝，於是背叛唐玄宗，並消滅了楊貴妃家族。

李林甫

唐玄宗重用的宰相之一。他擅長音樂，但是詩詞文學不在行，完全比不上當時最有能力的宰相張九齡。但是他靠著甜言蜜語排擠其他對手，獲得了唐玄宗的信任，也導致皇帝身邊沒有可以治國的人才，國家一團混亂，後世對他的評價很差。

白居易

唐朝非常有名的詩人，曾經寫過將近一千字的長篇詩歌〈長恨歌〉。這首詩歌在民間流傳得很廣，描述唐玄宗迷戀楊貴妃，忽略了國家大事，因此發生安祿山叛變，不得不殺死楊貴妃的悲劇，是很有深度的敘事詩。

45

大有可為的唐玄宗，是如何一步步將盛世下的唐朝導向衰亡的局面？

685～691 年

唐玄宗出生於武周時期，當時武家和唐朝李家彼此競爭激烈，玄宗出生在宮廷鬥爭的環境下，從小就展現了不同於一般人的霸氣，很得武則天欣賞。他給自己取了和曹操一樣的綽號「阿瞞」，期許自己也可以成為一代梟雄。

幼年

710 年

為了消除武周以後，皇族親戚干預政事，人人都想成為第二個武則天的狀況，唐玄宗在中宗過世後，於這一年率先出兵攻打壟斷大權的韋皇后。此次政變被稱作「唐隆政變」，象徵著玄宗對外宣戰，擁護李家重新掌權的決心。

唐隆政變

相關的時間

開元之治

713～741 年

玄宗在位時唐朝的年號是「開元」，指開創新時代的意思。唐玄宗掃除太平公主的勢力後，想到姚崇。第二年便邀他一同打獵，兩人談論治國之道，姚崇深得玄宗賞識，第二日便封為宰相。他對制度改革和地方事務都很有想法，協助唐玄宗把整個國家推上了巔峰，歷史上稱為「開元之治」。左圖為明刊本《帝鑑圖說》，唐玄宗封姚崇為宰相的繪畫。

723 年

兵制改革

唐朝與突厥在中國北方互相爭奪領土多年，因此邊疆防禦一直都是國家的大事。玄宗執政時逃兵非常多，他因此推動募兵制。一方面降低了人們長途跋涉至邊疆服役的比例，另一方面也改善了逃兵問題，使邊疆軍隊穩定了下來，奪回失去的領土。

755 ～ 763 年

唐玄宗寵愛楊貴妃，同時也重用楊貴妃的哥哥楊國忠。楊國忠擔任宰相時，與掌握邊疆軍隊的安祿山不合。公元 755 年，安祿山想自立為王，於是以討伐楊國忠為名，與同鄉好友史思明聯手叛變，這個事件在歷史上稱為「安史之亂」。右圖為清刊本《隋唐演義》，當中繪有楊國忠與安祿山等名臣的畫像。

安史之亂

TOP PHOTO

軟禁

賜死愛妃

761 ～ 762 年

安史之亂期間，部分宦官與軍隊轉而擁護唐玄宗的兒子肅宗。因此逃亡的玄宗從南方回到首都後，逐漸受到排擠。肅宗一方面不願意讓父親插手國事，一方面擔心父親再次奪取王位，因此下令將玄宗軟禁在太極宮，直到他去世。

755 年

安祿山叛變時唐玄宗沒辦法應付，只能帶著楊貴妃逃亡。逃到陝西的馬嵬坡時，保護皇帝的禁軍認為叛軍是衝著楊氏家族而來，要楊貴妃以死負責。為了撫平士兵的怨恨，玄宗只好悲傷的賜予一條白布，讓楊貴妃在梨樹下吊頸而死。

個性豪邁，能夠治國，也敢於享受人生的唐玄宗，帶給人們什麼樣的美好事物呢？

TOP PHOTO

梨園原本是唐朝皇帝舉行拔河、打球等玩樂的地方。唐玄宗迷戀歌舞戲曲，特別指定演出的團隊在宮中的梨樹園中排練，因此戲班後來也稱做「梨園」。唐玄宗最喜愛戲班裡的「丑角」角色，他也常在臉上化妝，登臺參與演出。現在西安的梨園景區內，就設置有大型丑角臉譜壁雕（上圖）。

唐朝時以十天為一旬來計算時間，朝廷的官員們每十天休一次假，就叫做「旬假」。這個規定由唐高宗制訂，但是國家的情勢常有變動，官員們不一定能按時休假，直到玄宗時才固定下來。玄宗常利用旬假時舉辦宴會，邀請官員們欣賞歌舞，飲酒同樂。

梨園

相關的事物

旬假

荔枝

霓裳羽衣曲

荔枝是楊貴妃最喜歡的水果，當時唐朝的首都在北方的長安，可是荔枝是亞熱帶水果，產地在南方的嶺南。為了討好楊貴妃，唐玄宗下令砍下荔枝樹，用快馬接力轉送，用了五天的時間將荔枝送進皇宮，據說味道和現採的一樣鮮美。

唐朝時有許多異國的曲調傳入，唐玄宗擷取了其中精華，改寫成〈霓裳羽衣曲〉，公認是唐朝歌舞曲調最頂尖的創作。歌曲演出時，他常親自上陣彈奏琵琶等樂器，並由楊貴妃跳舞搭配演出，可惜安史之亂後失傳，後世的人只能尋回零碎的片段，再重新編寫。

長恨歌

〈長恨歌〉是在民間廣為流傳的長篇敘事詩。作者白居易詳細描述了唐玄宗與楊貴妃的愛情故事，文筆和技法都得到很高的評價。甚至可以在清朝的戲劇《長生殿》，以及日本的《源氏物語》，找到〈長恨歌〉的影子。

汗血馬

來自中亞土庫曼斯坦的馬種，流汗時帶有血色，在中國稱為「汗血馬」。汗血馬體型強健，又耐勞、善奔馳，花色變化多，是非常優良的品種。玄宗與寧遠國和親，寧遠國王回贈兩匹汗血寶馬。玄宗非常珍愛這兩匹馬，依據花色將牠們分別取名為玉花驄和照夜白。

唐三彩

這是唐朝知名的一種陶器製作風格，「三彩」的意思是色彩多元，目前留存的作品以綠、黃、白三色保存得最好。唐三彩的發展頂峰在唐玄宗在位期間，最有名的是西域的異國塑像，還有玄宗宴會上的舞馬陶塑。陝西西安曾經有駱駝與樂俑的唐三彩出土，目前收藏於北京國家博物院（右圖）。

49

從恢復李氏唐朝政權，到安史之亂的動盪，唐玄宗這一路歷經了哪些地方？

中國的道教勝地，位於江蘇省西南部。玄宗認為茅山是道教的精華聖地，因此下令禁止採集和漁獵等活動。茅山宗的李含光曾向玄宗獻上茅山黃精，治好了他體虛的毛病，為了致謝，玄宗賜給他名為太保的虛職，黃精也因此被稱為「太保黃精」。

山東地名，因地處山東的淄水邊，而被稱為「臨淄」。臨淄是中國自上古便開始發展的古城市，歷來有許多人受封於此地，其中最有名的就是臨淄郡王唐玄宗。玄宗以臨淄為據點發動政變，消滅了武氏和韋氏勢力，恢復了李唐政權。

唐玄宗與楊貴妃的寢宮。玄宗於陝西驪山上建有一座宮殿，專供他與楊貴妃遊憩。因寢宮附近有溫泉，每逢冬季降霜，泉水蒸汽會讓雪霜在空氣中四處飄散，有如霜蝶，因此取名「飛霜殿」。

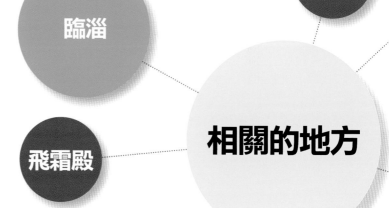

茅山

臨淄

相關的地方

飛霜殿

馬嵬坡

中國古地名，位於現在的陝西興平市。由於晉朝的名將馬嵬曾經在此築城，因此後來便將此地稱為「馬嵬坡」。安史之亂發生的時候，唐玄宗被迫於此賜死楊貴妃，相傳楊貴妃最後便帶著玄宗賜予的白絲綢，在馬嵬坡的梨樹下自縊而死。左圖為經過修繕的楊貴妃墓，位於馬嵬坡。

泰陵

TOP PHOTO

唐玄宗的墓地，位於陝西蒲城縣東北方，金粟山的南邊。泰陵是一座依山勢建造的山中陵寢，範圍將近四十平方公里，共有四座城門。不像古代皇帝死後往往有大規模陪葬的傳統，泰陵的陪葬者只有玄宗的元配楊皇后及寵臣高力士。

華清池

唐玄宗驪山行宮內的溫泉。驪山是中國的溫泉勝地，玄宗於驪山建的行宮名為華清宮，該地的溫泉因此得名。華清池的泉水據說能將皮膚浸透出凝脂的色澤，玄宗特別將此泉賜給楊貴妃，此事被稱為「貴妃出浴」，是後世畫家很喜歡描繪的場景。

范陽

中國古代的行政區域之一，位於今日河北保定和北京市一帶。唐玄宗在位期間，安祿山擔任范陽、平盧和河東三鎮的節度使，趁著玄宗末年國勢混亂之時，以范陽為基地，聯合史思明出兵叛亂。

唐玄宗

　　唐玄宗不僅是政治家、軍事家，也是音樂家、演奏家。他通曉樂理，才藝超人，許多樂器如琵琶、二胡、笛子、羯鼓等，在他手裡都可以發出美妙的聲音。還沒即位前，他就常和兄弟們辦音樂會，會鍾情楊貴妃，想來應該也和楊貴妃能歌善舞、精通音律有很大的關係。

　　羯鼓是他最擅長的樂器，他稱羯鼓是「八音之首」，沒有一種樂器能與它相比。閒暇時，他選了三百名弟子在皇宮裡的「梨園」加以訓練。弟子們合奏時，只要有人稍稍出錯，他都可以馬上覺察，並且提出糾正。直到現代都還用「梨園」來稱呼戲班、劇團，用「梨園弟子」來稱呼唱戲演員，可見唐玄宗對戲曲的影響有多大。

　　他還頒布曲名，把原為漢文音譯的少數民族和外國曲名，改為具有內容的漢文曲名，用來舉辦宮廷器樂合奏。由於他對音樂的喜愛與重視，盛唐音樂和各民族音樂的融

玄宗既知音律，又酷愛法曲，選坐部伎子弟三百教於梨園，聲有誤者，帝必覺而正之，號「皇帝梨園弟子」。　——《新唐書·禮樂志》

合才能達到歷史高峰。《唐會要》記載，〈霓裳羽衣曲〉便是玄宗根據〈婆羅門曲〉改編的曲子，它採用了磬、箏、簫、笛、箜篌、篳篥、笙等金石絲竹樂器合奏，在盛唐時期的音樂舞蹈中，佔了重要的地位。這首曲子描寫玄宗像神仙一樣去到月宮，見到仙女的神話，舞、樂、服飾都在描繪縹緲的仙境和曼妙的仙女。詩人白居易稱讚這段舞曲：「千歌萬舞不可數，就中最愛霓裳舞。」只可惜隨著唐的衰頹，一代名曲也悄然失傳了。

　　一代國君的喜惡，對整個國家有絕對的影響，玄宗熱愛音樂、舞蹈，自然在朝野造成風氣。當皇帝大部分的時間都花在享樂上，看似歌舞昇平的盛世，其實國力已在無形中削弱了。

開元之際，幾致太平，何其盛也！及侈心一動，窮天下之欲不足為其樂，而溺其所甚愛，忘其所可戒，至於竄身失國而不悔。 ——《新唐書·玄宗皇帝本紀》

　　珍愛親人和兼善天下本來可以不衝突，但只取其中一項，又完全忽略另一項，必然會出問題，尤其是身為帝王的人。

　　玄宗三歲被封為楚王，十歲那年在車馬的簇擁下朝拜武則天。負責禁衛的金吾將軍武懿宗，看到他的護衛既有威儀又整齊，就假借糾察軍紀的權力，對他的護衛加以阻撓，想挫他的銳氣。玄宗毫不示弱的說：「在我家的廟堂，由得著你大呼小叫嗎？」武則天聽了，不但沒有責罰孫兒沒禮貌，反而很讚賞他的霸氣。這就是唐玄宗早期意氣風發、信心勃勃的樣子。

　　可是等他自以為天下太平後，態度就一百八十度大轉彎，整天只沉溺在美色和藝術中，完全不理朝政了。

　　玄宗晚年驕奢淫逸，不知節制，每天只顧玩樂。本來不信鬼神之說的

他，後來也相信方士張果的話，開始追求長生不老，讓百姓、官員也跟著學些不著邊際的玄虛事。口蜜腹劍的李林甫死後，他還是沒覺悟，繼續把權力交給楊貴妃的族兄楊國忠。楊國忠比李林甫更加貪汙腐敗，因此才會遭來「安史之亂」。

綜觀玄宗的一生，從胸懷大志，變為渾渾噩噩；從兢兢業業，變為貪圖安逸；從任人唯賢，變為用人不當；從聽諫改過，變為粉飾太平；從體恤百姓，變為專斷獨行；從節儉變為奢侈；從親力親為到外戚干政等……前後表現實在是天壤之別。

他即位之初，曾創造了鼎盛的「開元之治」，國富民安，天下太平，是大唐盛世中非常亮眼的一段時期。只是，他也從此志得意滿，放縱自己投身享樂之中，天天與楊貴妃奏樂譜曲，還放縱身邊的親信胡作非為。他忘了自己身為人君，行為要有所節制，一舉一動都會引起人民的仿效。到最後，只落得倉皇逃難的命運，令人不勝唏噓。

楊貴妃

　　楊貴妃進宮後，非常得寵，只要玄宗出遊，她一定隨侍在側，並由玄宗隨身宦官高力士親自執鞭駕車；宮中有七百名織工供她使喚，讓她可以永遠處於引領時尚的地位。有一回，玄宗在宮裡賞美花、喝美酒、看美人時，情不自禁讚嘆：「我得到貴妃，就像得到一個寶。」還因此譜了一首曲子叫〈得寶子〉。可見她受寵的程度。

　　楊貴妃雖然聰明伶俐，不過還是有兩次因恃寵而驕，或難以明說的理由被送回哥哥家。貴妃離宮，靠著她的關係在玄宗面前占有一席之地的族兄、姊姊們無不個個緊張，因為萬一貴妃失寵，首當其衝受到影響的，就是他們，所以大家也會力勸貴妃，不要使性子，要乖乖聽話，好好侍奉皇上。幸好每次貴妃一離宮，玄宗心裡就不踏實，趕緊派高力士去查看。高力士了解皇上的意思，他

妃嗜荔支，必欲生致之，乃置騎傳送，走數千里，味未變已至京師。　—《新唐書·楊貴妃傳》

從中斡旋，要楊貴妃放低姿態，虛心認錯，讓玄宗心生不忍，快快再將她接回來。經過兩次風波，兩人明白彼此都離不開對方，因此也更加恩愛。

　　旁人看出貴妃在玄宗心裡的分量，極盡所能的討好她，想藉由她來光耀自己。高力士推薦她一種好吃的水果——荔枝，貴妃一嘗就愛不釋手。可是長安不產荔枝，只能從南方運來。荔枝是很難保存的水果，兩三天內不放進嘴裡，大概就變味了。為了滿足貴妃的喜愛，玄宗下令，沿途驛站都備好快馬，以最快速度將荔枝送到貴妃手中。也因為日夜兼程的緣故，導致好多人馬在傳遞途中累死了。杜牧寫下：「長安回望繡成堆，山頂千門次第開；一騎紅塵妃子笑，無人知是荔枝來。」寫的正是帝王為了博得美人歡心，不惜犧牲小民生命的無奈！

陳玄禮等以天下計誅國忠，已死，軍不解。帝遣力士問故，曰：「禍本尚在！」帝不得已，與妃訣，引而去，縊路祠下，裹屍以紫茵，瘞道側。

—《新唐書·楊貴妃傳》

　　楊貴妃沒有實權，也顯然對政治沒太大興趣，照理不應落得非死不可的下場。她為什麼會引發眾怒，最後客死路旁呢？其實都是她周邊的人別有居心的緣故。

　　楊貴妃的族兄楊國忠，本名釗，從小就放蕩，喝酒賭博樣樣來，四川的富翁鮮于仲通常常資助他，還把他推薦給劍南節度使章仇兼瓊。章仇兼瓊正憂慮李林甫專權，會影響他的祿位，所以決定設法引楊釗進入朝廷作內援。

　　章仇兼瓊派楊釗向朝廷進貢有名的蜀錦，又讓楊釗帶價值不菲的四川特產孝敬楊氏姊妹，所以楊氏姊妹經常在玄宗面前替楊釗和章仇兼瓊說好話。楊釗小心侍奉玄宗，又千方百計巴結權臣，不到一年，就兼了十幾個職務，成為朝廷的重臣，並請求改名，以示忠誠，玄宗賜名「國忠」。

宰相李林甫去世後，玄宗將大權交給楊國忠。楊國忠好大喜功，動不動就對邊境民族用兵，不僅讓無辜的士卒暴屍邊境，也讓百姓民不聊生。他的跋扈終於引起民怨，因而給了安祿山叛變的藉口。

　　安祿山很會諂媚逢迎，常在唐玄宗、楊貴妃面前要寶，唐玄宗指著他的大肚子開玩笑說：「你這蠻子的肚皮裡，有什麼東西，怎麼大成這副模樣？」安祿山回答：「除了一顆赤心，什麼都沒有。」玄宗聽了大為高興，封他掌管邊疆。

　　他也極會討好楊貴妃，明明年紀比楊貴妃大，還稱她為「義母」，讓楊貴妃把他當嬰兒般逗著玩，把他當作義子。不過，所有的玩鬧後面，都有奪位的陰謀。楊貴妃就是在這種情況下，被激動的士兵當作禍害的肇始者。即使當時胡作非為的楊國忠被處死，但大家都認為罪魁禍首是楊貴妃，逼唐玄宗交出楊貴妃，讓她死在寺廟前的梨樹下，隨意以草藤裹屍，埋在路旁。

高力士

　　馮元一小時候因家人涉株連罪被抄家，不到十歲就進宮當太監，成了太監高延福的養子，因此改姓高，名力士。

　　玄宗發動宮廷政變，殺韋后和武氏黨羽時，力士曾參與謀畫，玄宗對他極為信任，將他視為心腹。他侍奉玄宗並不是憑著一味的逢迎和巴結，而是在關鍵時刻能給予傾心的幫助和關懷。

　　有一次，太平公主派宮女將毒藥加進煎好的藥中，企圖毒殺玄宗。煎好的藥通常不會再複驗，不過慎重起見，力士還是把一部分藥汁偷偷的餵了獵狗，喝了藥的狗竟然片刻就死了。太平公主的陰謀被識破，力士也更得玄宗信任，毋怪玄宗常說：「有力士當班，我可以安心的睡覺。」

　　力士幾乎片刻不離玄宗，連梳洗、沐浴時也不敢到宮外。玄宗不能對朝臣或將軍說的事，也只找力士商量。四方進奏文表，力

力士當上，我寢乃安。

── 《新唐書 · 高力士傳》

士都先看過，小事就自行裁決，大事再交給玄宗。力士比玄宗大一歲，太子李亨稱他為「二兄」，諸王、公主稱他為「阿翁」，駙馬輩稱他為「爺」，連玄宗都不直喊他名字，而稱他「將軍」，可見他在朝廷中多麼受尊重。

宦官的地位在中國歷史上一直都很奇特，他們身處權力和財富的中心，卻也時時面對鬥爭的危機，倘若不能把握原則，很容易落入萬劫不復的境地。

在皇宮艱苦的磨練下，高力士盡心盡力侍奉玄宗，讓他在「盡禮數會被當諂媚；推薦忠良，不見得被接受；太明白的指出問題，會被當成冒犯；過於嚴厲，又會被說偏心……」的困難條件下做到他的墓誌銘所說的：「做得多卻不以為辛苦；與人親近卻不輕慢；能提建議卻不忤逆；長久相處也不厭倦……」這一切，確實不容易。

今賦粟充漕，臣恐國無旬月蓄；和糴不止，則私藏竭，逐末者眾。又天下柄不可假人，威權既振，孰敢議者！ ——《新唐書‧高力士傳》

高力士謹慎又善於觀察時勢，早在「安史之亂」前，就多次提醒玄宗應提防身邊佞臣。

李林甫了解玄宗沉迷聲色，無意朝政，於是增加京城附近的稅賦，以充實關中糧倉，並告訴玄宗，當今是最富庶的時候，暗示玄宗可以不必再管事了。玄宗信以為真，暗地告訴力士，他想將政事委託給李林甫，好好退隱求仙去。

力士規諫玄宗：「自古以來的天子都要順應時節。合理的稅賦才不會引發民怨。現在國庫裡的粟米滿滿的，我卻擔心我們度不過一個月。因為徵糧的制度不改，百姓就不可能有存糧，一旦到了山窮水盡的地步，豈不是要逼他們走上絕路？」他還進一步指出：「國

家的權柄，不可以交給別人。只要威權在，誰敢不聽話？」

　　這些話不中聽，卻很有道理，只是玄宗並沒有聽進心裡，非但任李林甫在宮裡頤指氣使多年，李林甫死後，還繼續重用楊國忠。

　　安史之亂後，肅宗即位，擁戴肅宗的大宦官李輔國離間玄宗、肅宗父子。有一次，李輔國甚至以五百名持著兵器的禁軍攔住玄宗去路，害得玄宗受到驚嚇，差一點掉下馬。力士厲聲斥責禁軍：「你們在太上皇面前拔刀攔路，目無王法了嗎？」並下令：「李輔國攏馬！」就這樣，李輔國只好與高力士一左一右牽著玄宗的馬護駕。李輔國帶兵離去後，玄宗握住高力士的手，淚流滿面說：「要不是你，我早已作鬼了。」

　　高力士得罪了李輔國，不久被流放巫州。得知玄宗駕崩，他朝北痛哭，絕食七天，吐血而死。那年他七十三歲。代宗即位後，恢復他的官職，並讓他陪葬唐玄宗泰陵，成全他護主的願望。

安祿山

　　安祿山長得又高又壯，滿臉鬍鬚，通九種民族語言。傳説他因盜羊被唐將張守珪追打時，他大叫：「你不是想滅番嗎？饒了我，我就幫你。」張守珪看他長相奇特，於是釋放他，還命他去抓番人。他狡猾又熟諳山川形勢，每次出擊都能以寡擊眾，建立很多功勞，因此被提拔為邊疆的將領。

　　安祿山巴結朝廷官員，一邊要大家替他説好話，一邊又假裝忠厚的告訴玄宗：「我生為番人，能得到陛下的賞識，感到無上光榮，沒什麼可以回報，只願將生命獻給陛下。」聽了這番話，玄宗更加寵愛他了。

　　安祿山也很懂得找重要人物當靠山，當時楊貴妃最受玄宗寵愛，他知道只要抓緊楊貴妃的心，就萬事穩當，因此明明比楊貴妃大了十八歲，卻還請求當楊貴妃的養子。參見皇上時，也一定先拜貴妃再拜玄宗，玄宗問他原因，他説：「番人一向先尊母親再尊父

臣生蕃戎，寵榮過甚，無異材可用，願以身為陛下死。

—— 《新唐書・安祿山傳》

親。」聽到貴妃備受尊敬，玄宗當然很樂意的接受了。

有一年春天，安祿山入朝見玄宗，說：「去年秋天稻苗遭蟲啃食，臣子祈禱上天『如果我對皇上不忠，就讓蟲子來吃我的心，如果我沒有辜負皇上，就請上天讓蟲子散去吧！』我說完這話，北邊隨即來了一大群鳥，把蟲吃光了。這是真的，皇上要記在歷史上啊！」

傳說安祿山晚年變得非常肥胖，甚至胖到了肚腹都要垂到膝蓋上。不過即使如此，他還是能輕快的在玄宗面前表演胡旋舞。所謂的胡旋舞，據說是從西域傳到唐朝的舞蹈，節奏非常輕快，舞者跟著音樂起舞旋轉，一圈又一圈，轉得比風還要快，同樣也是楊貴妃相當擅長的舞蹈。

他這麼懂得取悅玄宗和貴妃，做事無往不利也是意料中事。

時太平久，人忘戰，帝春秋高，嬖豔鉗固，李林甫、楊國忠更持權，綱紀大亂。祿山計天下可取，逆謀日熾。 ——《新唐書·安祿山傳》

安祿山在邊疆擔任節度使，仍部署親信在京城裡，對朝廷的任何事都瞭若指掌。節度使本來是軍事將領，唐玄宗時期，將這個職位封給許多胡人，讓他們逐漸掌握大權。安史之亂後，成為與朝廷相抗衡的力量，又稱藩鎮，影響了唐朝的衰亡。

宰相李林甫獨掌朝廷大事後，綱紀大亂。安祿山看有機可乘，便開始準備謀反。楊國忠和太子一再提醒玄宗，要提防安祿山，安祿山從邊疆趕來見玄宗，說：「都是因為陛下對我一個胡人這麼好，才會引起楊國忠的嫉妒，我看我離死日不遠了。」

看他哭哭啼啼，玄宗心生不忍，只能好言勸慰。辭別時，還親自送行，並答應日後若有人說他要謀反，就把那個人交由他處置。從此，再沒人敢提安祿山要造反的事。

叛亂的準備工作就緒後，安祿山偽造詔書，告訴將士們：「收

到皇上密旨，令祿山帶兵入朝討伐楊國忠。」第二天他便檢閱軍隊，舉行誓師，以討楊國忠為名，率十幾萬軍南下。

　　直到此時，玄宗才不得不接受安祿山叛亂的事實，他匆忙調兵平亂，可是久沒作戰的將士早忘了如何出兵，許多官吏一聽作戰就嚇得棄城四逃。安祿山花了三十五天攻陷東都洛陽。並在洛陽自稱雄武皇帝，國號大燕。

　　叛軍步步逼近，長安已無法再守，玄宗率部分朝官逃往成都。安祿山到達長安，聽說百姓乘亂盜竊府庫財物，非常生氣，命令手下在長安城裡大肆搜索三日，翻箱倒櫃，不論是府庫財物，還是個人私物，全部搜刮殆盡，並帶走玄宗的宮嬪、樂工，以及梨園弟子數百人，滿足了他當皇帝的短暫欲望。

　　安祿山視力不好，失明之後，脾氣更加暴躁。周圍的人受不了他，便串通起來，將他殺死在臥床上。那一年，安祿山五十五歲。

當唐玄宗的朋友

有誰可以像唐玄宗一樣？從覬覦皇位的旁人手中，突破重圍，順利即位為帝。上任後勵精圖治，國泰民安，百姓生活富足，締造大唐盛世的「開元之治」。然而，天下太平沒多久，他卻日漸失去了當年的雄心壯志，日日沉溺於逸樂，最終只能倉皇逃難，唐朝國勢也從此一蹶不振。

他高遠的志向、天下太平的偉業，讓人不得不折服。他多才多藝，能演戲又能譜曲的才華，也讓人欣羨不已。如此多才多藝的皇帝，真讓人嫉妒，怎麼有人能如此完美！

然而，他也有無奈的一面。他真心想與楊貴妃在一起，他奏樂、她跳舞，過著優雅自得的生活。這一切卻無法長久。因為他是皇帝。他必須戰戰兢兢的治國，他不能因為自己的身分就恣意妄為，他更不能因為寵愛楊貴妃，連帶就重用她的親人，而不是依據才能選拔。皇帝的身分限制，讓他的生活無法像個平凡人。

當唐玄宗的朋友，你會看到這麼一個聰明優秀、開創盛世的帝王，其實也有著平凡的夢想，希望能與所愛的人無憂無慮的生活，長長久久。當唐玄宗的朋友，你會明白，其實看起來高高在上的皇帝，由於身負重任，並無法想做什麼就做，要不然只能落得滅亡的下場。

當唐玄宗朋友，你會了解，不管是皇帝，或是普通人，付出的努力若無法持續，最後只能功虧一簣，只能看著自己輝煌的過去，消失在戰亂裡，連自己最愛的人都無法保護，只能在往後的日子裡懊悔不已。

我是大導演

看完了唐玄宗的故事之後，
現在換你當導演。
請利用紅圈裡面的主題（盛唐），
參考白圈裡的例子（例如：楊貴妃），
發揮你的聯想力，
在剩下的三個白圈中填入相關的詞語，
並利用這些詞語畫出一幅圖。

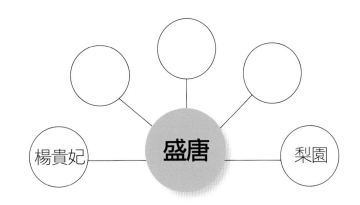

◎ 少年是人生開始的階段。因此，少年也是人生最適合閱讀經典的時候。

因為，這個時候讀經典，可以為將來的人生旅程準備豐厚的資糧。

因為，這個時候讀經典，可以用輕鬆的心情探索其中壯麗的天地。

◎ 【經典少年遊】，每一種書，都包括兩個部分：「繪本」和「讀本」。

繪本在前，是感性的、圖像的，透過動人的故事，來描述這本經典最核心的精神。

小學低年級的孩子，自己就可以閱讀。

讀本在後，是理性的、文字的，透過對原典的分析與說明，讓讀者掌握這本經典最珍貴的知識。

小學生可以自己閱讀，或者，也適合由家長陪讀，提供輔助說明。

001 黃帝　遠古部落的共主
The Yellow Emperor:The Chieftain of Ancient Tribes
故事／陳昇群　原典解說／陳昇群　繪圖／BIG FACE

遠古的黃河流域，衰弱的炎帝，無法平息各部族的爭戰。在一片討伐、互鬥的混亂局勢裡，有個天生神異，默默修養自己的人，正準備崛起。他，就是中華民族共同的祖先，黃帝。

002 周成王姬誦　施行禮樂的天子
Ch'eng of Chou:The Establishment of Chinese Etiquette
故事／姜子安　原典解說／姜子安　繪圖／簡漢平

年幼即位的周成王，懷抱著父親武王與叔叔周公的期待，與之後繼位的康王，一同開創了「成康之治」。他奠定了西周的強盛，開啟了五十多年的治世。什麼刑罰都不需要，天下無事，安寧祥和。

003 秦始皇　野心勃勃的始皇帝
Ch'in Shih Huang:The First Emperor of China
故事／林怡君　原典解說／林怡君　繪圖／LucKy wei

綿延萬里的長城、浩蕩雄壯的兵馬俑，已成絕響的阿房宮……這些遺留下來的秦朝文物，代表的正是秦始皇的雄心壯志。但是風光的盛世下，卻是秦始皇實行暴政的證據。他在統一中國時，也斷送了秦朝的前程。

004 漢高祖劉邦　平民皇帝第一人
Kao-tsu of Han:The First Peasant Emperor
故事／姜子安　故事／姜子安　繪圖／林家棟

他是中國第一個由平民出身的皇帝，為什麼那麼多人都願意為他捨身賣命？憑什麼他能和西楚霸王項羽互爭天下？劉邦是如何在亂世中崛起，打敗項羽，成為漢朝的開國皇帝？

005 王莽　爭議的改革者
Wang Mang:The Controversial Reformer
故事／岑澎維　原典解說／岑澎維　繪圖／鍾昭弋

臣民都稱呼他為「攝皇帝」。因為他的實權大大勝過君王。別以為這樣王莽就滿足了，他覦覦的可是真正的君王寶位。於是他奪取王位，一手打造全新的王朝。他的內心曾裝滿美好的願景，只可惜最終變成空談。

006 北魏孝文帝拓跋宏　民族融合的推手
T'o-pa Hung:The Champion of Ethnic Melting
故事／林怡君　原典解說／林怡君　繪圖／江長芳

孝文帝來自北魏王朝，卻嚮往南方。他最熱愛漢文化，想盡辦法要讓胡漢兩族的隔閡減少。他超越了時空的限制，不同於一般君主的獨裁專制，他的深思遠見、慈悲寬容，指引了一條民族融合的美好道路。

007 隋煬帝楊廣　揮霍無度的昏君
Yang of Sui:The Extravagant Tyrant
故事／劉思源　原典解說／劉思源　繪圖／榮馬

楊廣從哥哥的手上奪走王位，成為隋煬帝。他也從一個父母眼中溫和謙恭的青年，轉而成為嚴格殘酷的帝王。這個任意妄為的皇帝，斷送了隋朝的未來，留下昭彰的惡名，卻也樹立影響後世的功績。

008 武則天　中國第一女皇帝
Wu Tse-t'ien:The only Empress of China
故事／呂淑敏　原典解說／呂淑敏　繪圖／麥震東

她不只想當中國第一個女皇帝，她還想開創自己的朝代，把自己的名字深深的刻在歷史的石碑上。她還想改革政治，找出更多人才為國家服務。她的膽識、聰明與自信，讓她註定留名青史，留下褒貶不一的評價。

◎ 【經典少年遊】，我們先出版一百種中國經典，共分八個主題系列：
詩詞曲、思想與哲學、小說與故事、人物傳記、歷史、探險與地理、生活與素養、科技。
每一個主題系列，都按時間順序來選擇代表性的經典書種。

◎ 每一個主題系列，我們都邀請相關的專家學者擔任編輯顧問，提供從選題到內容的建議與指導。
我們希望：孩子讀完一個系列，可以掌握這個主題的完整體系。讀完八個不同主題的系列，
可以不但對中國文化有多面向的認識，更可以體會跨界閱讀的樂趣，享受知識跨界激盪的樂趣。

◎ 如果說，歷史累積下來的經典形成了壯麗的山河，那麼【經典少年遊】就是希望我們每個人
都趁著年少，探索四面八方，拓展眼界，體會山河之美，建構自己的知識體系。
少年需要遊經典。
經典需要少年遊。

009 唐玄宗李隆基　盛唐轉衰的關鍵
Hsuan-tsung of T'ang: The Decline of the T'ang Dynasty
故事／呂淑敏　原典解說／呂淑敏　繪圖／游峻軒

他開疆闢土，安內攘外。他同時也多才多藝，愛好藝術音樂，還能譜曲
演戲。他就是締造開元盛世的唐玄宗。他創造了盛唐的宏圖，卻也成為
國勢衰敗的關鍵。從意氣風發，到倉皇逃難，這就是唐玄宗曲折的一生。

010 宋太祖趙匡胤　重文輕武的軍人皇帝
T'ai-tsu of Sung: The General-turned-Scholar Emperor
故事／林哲璋　原典解說／林哲璋　繪圖／劉育琪

從黃袍加身到杯酒釋兵權，趙匡胤抓準了時機，從軍人成為實權在握的
開國皇帝。眼見藩鎮割據的五代亂象，他重用文人，集權中央。他開啟
了平和的大宋時期，卻也為之後的宋朝埋下被外族侵犯的隱憂。

011 宋徽宗趙佶　誤國的書畫皇帝
Hui-tsung of Sung: The Tragic Artist Emperor
故事／林哲璋　原典解說／林哲璋　繪圖／林心雁

他不是塊當皇帝的料，玩物喪志的他寧願拱手讓位給敵國，只求能夠保
全藝術珍藏。宋徽宗的多才多藝，以及他的極致享樂主義，都為我們演
示了一個富有人格魅力，一段段充滿人文氣息的小品集。

012 元世祖忽必烈　草原上的帝國霸主
Kublai Khan: The Great Khan of Mongolia
故事／林安德　原典解說／林安德　繪圖／AU

忽必烈——草原上的霸主！他剽悍但不霸道，他聰明而又包容。他能細
心體察冤屈，揚善罰惡；他還能珍惜人才，廣聽建言。他有著開闊的胸
襟和寬廣的視野，這個馳騁草原的霸主，從馬上建立起一塊遼遠的帝國！

013 明太祖朱元璋　嚴厲的集權君王
Hongwu Emperor: The Harsh Totalitarian
故事／林安德　原典解說／林安德　繪圖／顧珮仙

從一個貧苦的農家子弟，到萬人臣服的皇帝，朱元璋是怎麼辦到的？他
結束了亂世，將飽受戰亂的國家，開創另一個新局？為什麼歷史評價如
此兩極，既受人推崇，又遭人詬病，究竟他是一個好皇帝還是壞皇帝呢？

014 清太祖努爾哈赤　滿清的奠基者
Nurhaci: The Founder of the Ch'ing Dynasty
故事／李光福　原典解說／李光福　繪圖／蘇偉宇

要理解輝煌的清朝，就不能不知道為清朝建立基礎的努爾哈赤。他在明
朝的威脅下，統一女真部落，建立後金。當他在位時期，雖然無法成功
消滅明朝，但是他的後人創立了清朝，為中國歷史開啟了新的一頁。

015 清高宗乾隆　盛世的十全老人
Ch'ien-lung: The Great Emperor of the Golden Age
故事／李光福　原典解說／李光福　繪圖／唐克杰

乾隆在位時期被稱為「康雍乾盛世」，然而他一方面大興文字獄，一方
面還驕傲的想展現豐功偉業，最終讓清朝國勢日漸走下坡。乾隆讓我們
看到了輝煌和鼎盛，也讓我們看到盛世下的陰影，日後的敗因。

經典
少年遊

youth.classicsnow.net

009
唐玄宗李隆基　盛唐轉衰的關鍵
Hsuan-tsung of T'ang
The Decline of the T'ang Dynasty

編輯顧問（姓名筆劃序）
王安憶　王汎森　江曉原　李歐梵　郝譽翔　陳平原
張隆溪　張臨生　葉嘉瑩　葛兆光　葛劍雄　鄭培凱

故事：呂淑敏
原典解說：呂淑敏
繪圖：游峻軒
人時事地：詹亞訓

編輯：張瑜珊 張瓊文 鄧芳喬
美術設計：張士勇
美術編輯：顏一立
校對：陳佩伶

企畫：網路與書股份有限公司
出版者：大塊文化出版股份有限公司
台北市10550南京東路四段25號11樓
www.locuspublishing.com
讀者服務專線：0800-006689
TEL：+886-2-87123898
FAX：+886-2-87123897
郵撥帳號：18955675
戶名：大塊文化出版股份有限公司
法律顧問：全理法律事務所董安丹律師

總經銷：大和書報圖書股份有限公司
地址：新北市新莊區五工五路2號
TEL：+886-2-8990-2588
FAX：+886-2-2290-1658
製版：沈氏藝術印刷股份有限公司

初版一刷：2013年1月
定價：新台幣299元